T0419568

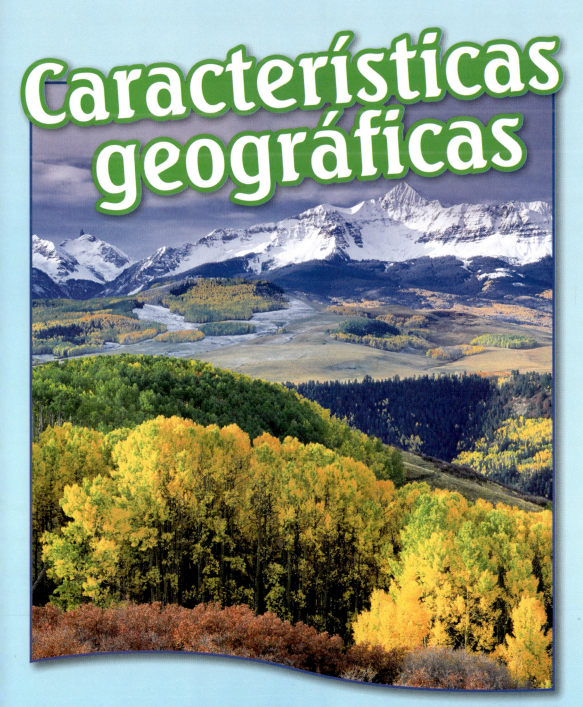

Características geográficas

Elise Wallace

Asesores

Crystal Hahm, M.A., Ed.M.
Distrito Escolar Unificado de Tustin

Bijan Kazerooni, M.A.
Chapman University

Créditos de publicación

Rachelle Cracchiolo, M.S.Ed., *Editora comercial*
Conni Medina, M.A.Ed., *Gerente editorial*
Emily R. Smith, M.A.Ed., *Realizadora de la serie*
June Kikuchi, *Directora de contenido*
Caroline Gasca, M.S.Ed, *Editora superior*
Susan Daddis, M.A.Ed., *Editora*
Sam Morales, M.A., *Editor asociado*
Courtney Roberson, *Diseñadora gráfica superior*
Jill Malcolm, *Diseñadora gráfica básica*

Créditos de imágenes: pág.23 B.A.E. Inc./Alamy; pág.24 Granger Academic; todas las demás imágenes de iStock y/o Shutterstock.

Library of Congress Cataloging-in-Publication Data

Names: Wallace, Elise, author.
Title: Caracteristicas geograficas / Elise Wallace.
Other titles: Geographic features. Spanish
Description: Huntington Beach, California : Teacher Created Materials, 2018.
 | Identifiers: LCCN 2018022276 (print) | LCCN 2018027998 (ebook) | ISBN 9781642901337 (ebook) | ISBN 9781642901177 (pbk.)
Subjects: LCSH: United States--Geography--Juvenile literature.
Classification: LCC E161.3 (ebook) | LCC E161.3 .W3518 2018 (print) | DDC 917.3--dc23
LC record available at https://lccn.loc.gov/2018022276

Teacher Created Materials
5301 Oceanus Drive
Huntington Beach, CA 92649-1030
www.tcmpub.com

ISBN 978-1-6429-0117-7
© 2019 Teacher Created Materials, Inc.
Printed in China
Nordica.092018.CA21801136

Contenido

¿Qué es la geografía? 4

Los accidentes geográficos y el clima . . . 6

De costa a costa 10

Las montañas 14

Las Grandes Llanuras 18

Los desiertos 22

Una tierra diversa 26

¡Cántalo! 28

Glosario 30

Índice 31

¡Tu turno! 32

¿Qué es la geografía?

Estados Unidos tiene de todo. Hay playas y montañas. Hay bosques y desiertos. Es una tierra muy **diversa**.

Hay muchas maneras de ver el territorio del país. Primero, puede ser explorado por su geografía física; es decir, las características naturales del territorio. Esto incluye accidentes geográficos, clima, vida silvestre y **recursos**.

La segunda manera es por medio de la geografía humana. Es el estudio de cómo los humanos se relacionan con el territorio. Incluye cómo **adaptarse** y modificar el territorio. Usaremos estas dos maneras para explorar las **regiones** del país. Las regiones incluyen costas, montañas, llanuras y desiertos.

Vistas del océano

Una de las mejores maneras de explorar la Costa Oeste es manejar por la Ruta 101. Esta ruta corre paralela a la costa. ¡Tiene más de 1,500 millas (2,414 kilómetros) de vistas imponentes!

Estados Unidos es parte de América del Norte.

Los accidentes geográficos y el clima

La geografía física de Estados Unidos tiene muchas características. El país está rodeado en el este y en el oeste por océanos. Estos son enormes extensiones de agua salada. Cubren la mayor parte del mundo. También hay pequeñas extensiones de agua en el país. Un ejemplo son los lagos. Los lagos están rodeados de tierra.

Dos características del territorio de Estados Unidos son las montañas y las colinas. Las montañas son accidentes geográficos que sobresalen del territorio que las rodea. Las colinas también son accidentes geográficos. Son como las montañas pero no tan altas.

En todo el país podrás hallar también llanuras y desiertos. Las llanuras son áreas grandes de territorio con pocos árboles. Se encuentran entre las montañas y las colinas. Los desiertos son áreas grandes que son más bajas que el territorio que las rodea. Son secos. No crecen muchas plantas ahí.

Los Grandes Lagos

Los cinco Grandes Lagos están en la frontera que Estados Unidos comparte con Canadá. Proporcionan una quinta parte del agua dulce del mundo. ¡Los cinco lagos juntos son más grandes que el estado de Texas!

océano

lago

montañas

colinas

llanuras

desierto

Anchorage, Alaska, está sobre la costa. Esto hace posible que se pueda embarcar petróleo desde allí.

El clima es un tipo de característica física. Es el tiempo **típico** de un lugar durante un largo período. Los recursos naturales también son una característica física. Son cosas tales como el agua potable y los buenos suelos. Estas cosas se usan para la agricultura. Hacen posible que las personas puedan vivir en una zona. Las personas también venden recursos, como petróleo y sal.

El clima y los recursos afectan el lugar donde viven las personas. Algunas personas deciden vivir en lugares donde el clima no es ni demasiado caluroso ni demasiado frío. Se mudan a lugares que tienen acceso a los recursos que necesitan.

Frío extremo

¿Cuánto frío hace en tu estado? Casi todos los estados han registrado noches en las que la temperatura ha descendido a bajo cero, salvo un estado. Es Hawái. La temperatura más fría allí fue de 12 °F (-11 °C).

De costa a costa

El agua rodea gran parte de Estados Unidos. Los océanos rodean casi dos tercios del país. A lo largo de la Costa Este se halla el océano Atlántico. Fue el primer océano en ser cruzado por barco y por avión. A lo largo de la Costa Oeste se halla el océano Pacífico. Es el océano más grande del mundo. Allí se halla el Cinturón de Fuego. Tiene la mayor cantidad de volcanes en actividad del mundo.

Ambos océanos abastecen al país de recursos. Estos incluyen petróleo y gas natural. La pesca es una **industria** clave. Se pesca bacalao y langosta en el Atlántico. Se pesca salmón y atún en el Pacífico. Los océanos ayudan también al comercio. Enormes buques viajan desde y hacia los **puertos** en ambas costas. Estos buques entregan mercaderías a otros países.

El Ártico

Un océano rodea parte del estado de Alaska. Se llama el Ártico. Es muy frío. De vez en cuando el océano se cubre de hielo. Algunos animales, como los osos polares, viven cerca del océano Ártico. Tienen una gruesa capa de grasa que los ayuda a mantener el calor. El bacalao del Ártico tiene una proteína especial que evita que se congele.

Los océanos rodean una buena parte de Estados Unidos.

Un buque transporta mercancía a puertos de todo el mundo.

Viviendo en la costa

La costa del Atlántico fue la primera parte del país en ser explorada por los europeos. Los primeros colonizadores vinieron en el siglo XVII. Llegaron para comenzar nuevas vidas. Querían tener la posibilidad de practicar libremente su religión. A medida que llegaban más personas allí, la costa se pobló. Las ciudades se hicieron más grandes. Algunas personas se mudaron al **interior**.

Fuente de juventud

La costa atlántica de Florida es donde se halla la ciudad más vieja del país. Es San Agustín. En 1513 llegó allí un explorador. Buscaba la fuente de la juventud. Hoy las personas pueden visitar el manantial que halló. ¡Los turistas pueden probar suerte bebiendo el agua!

Los colonizadores españoles llegaron a la costa del Pacífico en el siglo XVIII. Después de que los españoles reclamaron el territorio, delimitaron la costa. La **cultura** primitiva del territorio emergió de iglesias llamadas misiones. Las ciudades y las granjas se construyeron en torno a estos lugares.

Hoy muchas personas en Estados Unidos viven cerca de las costas. Las atraen los climas templados. También se mudan allí por trabajo. Hay muchos empleos en los puertos de ambas costas. Turistas de todo el mundo llegan para disfrutar de las playas.

La misión de San Luis Rey ocupa un lugar muy importante entre las misiones debido a su tamaño y a la cantidad de territorio que ocupa.

Las montañas

Las montañas ocupan una gran parte de Estados Unidos. Allí se encuentran muchas especies de plantas y criaturas.

Los montes Apalaches tienen alrededor de 2,000 millas (3,200 kilómetros) de extensión. Este cordón montañoso tiene el sendero marcado más largo del país. ¡El sendero va desde Georgia hasta Maine!

Las Rocosas se hallan entre las Grandes Llanuras y la Costa Oeste. Este cordón atraviesa seis estados y ocupa parte de Canadá. Tiene 3,000 mi (4,800 km) de extensión. El pico Pikes se halla en este cordón. ¡Es el segundo pico más visitado del mundo!

Sierra Nevada está en California. Este cordón tiene 250 mi (400 km) de extensión. Su pico más alto es el monte Whitney. Es el pico más escalado de este cordón.

Los tres cordones albergan varios parques nacionales. Millones de personas los visitan todos los años.

el monte Whitney

El hogar de Piegrande

¿Alguna vez has oído hablar de la leyenda de Piegrande? Durante cientos de años las personas han hablado de una bestia alta y peluda. Se dice que merodea en los bosques de las Rocosas de Colorado. ¡Algunos dicen que tiene una altura de 10 pies (3 metros)!

BIG FOOT XING

Vivir en las montañas

Después de asentarse en las costas, las personas comenzaron a trasladarse al interior. Para llegar allí, a veces debían cruzar cordones montañosos. En el siglo XIX, las personas comenzaron a ir desde el este hacia el oeste por más territorio. Se detenían en pasos de montaña. Se construyeron **tiendas de intercambio** a lo largo de los caminos. Las ciudades y los pueblos crecieron gracias a estas tiendas de intercambio.

El parque nacional Yellowstone ha recibido más de un millón de turistas todos los años desde 1948.

Hoy muchas personas visitan las montañas. Les agrada pasar tiempo al aire libre. Quieren ver los árboles, las plantas y la vida silvestre que se encuentran allí. Las regiones montañosas del país tienen grandes parques. Vienen turistas de todas partes del mundo. Quieren pasar tiempo en los complejos forestales. El gobierno protege gran parte del territorio de los parques.

Aun así, el turismo ha cobrado un alto precio en algunos de estos lugares. Los lagos y los arroyos se han contaminado. Las fogatas y los autos contaminan el aire. El ruido de los autos y de las personas puede asustar a los animales.

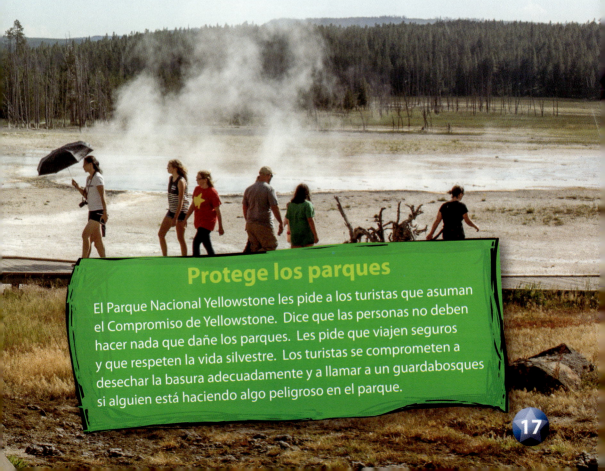

Protege los parques

El Parque Nacional Yellowstone les pide a los turistas que asuman el Compromiso de Yellowstone. Dice que las personas no deben hacer nada que dañe los parques. Les pide que viajen seguros y que respeten la vida silvestre. Los turistas se comprometen a desechar la basura adecuadamente y a llamar a un guardabosques si alguien está haciendo algo peligroso en el parque.

Las Grandes Llanuras

La región de las Grandes Llanuras es una gran **meseta**. Es famosa por sus pastizales. Algunas partes son muy planas y están cubiertas por **praderas**. Hay también colinas bajas y valles. Incluso hay montañas cubiertas de árboles, como las Colinas Negras de Dakota del Sur. Las Grandes Llanuras ocupan parte de diez estados.

Alimento para todos

Muchas personas se dedican a la agricultura en las Grandes Llanuras. Otro lugar para la agricultura es el Valle Central en California. Es famoso por sus tierras de cultivo **fértiles**. Alrededor de una cuarta parte de los alimentos del país se cultivan allí. Frutas como las peras, las uvas y las ciruelas crecen en el Valle Central. Otros cultivos incluyen granos y frutos secos.

Las Grandes Llanuras son atravesadas por ríos. Los dos más importantes son el Misisipi y el Misuri. Se usan para transportar personas, mercaderías y agua a otras partes del país.

El clima de las Grandes Llanuras puede ser extremo. Los veranos pueden ser sofocantes, y los inviernos muy helados.

Los bisontes han vivido en las Grandes Llanuras durante miles de años.

Vivir en las Grandes Llanuras

Muchos años antes de que los europeos se asentaran allí, las Grandes Llanuras fueron el hogar de grandes rebaños de bisontes. Los indígenas de Estados Unidos cazaban bisontes. No se desechaba ninguna parte. Se usaba el pellejo para hacer prendas o para cubrir las casas. Se secaba la carne y se la comía. Hasta se usaban los pelos y las pezuñas.

A fines del siglo XIX, los colonizadores y los hacendados forzaron a las tribus indígenas a adaptarse a su estilo de vida o a mudarse de territorio. El ganado reemplazó a los bisontes. Los cultivadores de trigo comenzaron a desplazar a los criadores de ganado. En la década de 1930 una **sequía** dificultó los cultivos. Muchos granjeros se marcharon para hallar trabajo en otros sitios.

Hoy, la región de las Grandes Llanuras se usa sobre todo para la agricultura. Trigo, algodón, maíz y heno se cultivan allí. También se crían ganado y ovejas.

Locos por los murciélagos

Austin, la capital de Texas, está en la región de las Grandes Llanuras. Tiene más cantidad de murciélagos que cualquier otra región urbana en el país. Más de un millón de murciélagos **migran** en la primavera para vivir debajo de un puente en la ciudad. Las personas llegan al atardecer para observar a los murciélagos cuando salen para buscar comida.

Los desiertos

Los dos desiertos más grandes de Estados Unidos se encuentran en la parte occidental del país. El desierto de la Gran Cuenca es el más grande. Está entre las Rocosas y la Sierra Nevada. El clima es bastante frío, a diferencia de la mayoría de los desiertos. Son habituales las nevadas.

Este desierto es el hogar de muchos animales. Entre ellos están los pumas, los coyotes y los borregos cimarrones. También hay pinos erizos. Son los seres vivos más antiguos del mundo.

Uno de los desiertos más famosos es el Mojave. Ocupa California, Arizona y Nevada. El clima aquí puede cambiar de un día para otro. Algunos días el calor es sofocante. Otros, el clima es frío.

El Mojave es el hogar de lagartos, murciélagos, zorros y otras criaturas. La vegetación es escasa en esta región. Solo algunas plantas como los cactus crecen aquí. Toda vida en el desierto debe ser capaz de adaptarse al clima cambiante.

El desierto de Chihuahua

Estados Unidos comparte un desierto con México. Es el desierto de Chihuahua. El parque nacional de las Cavernas de Carlsbad se encuentra aquí. No hay ríos ni arroyos en el parque. Pero hay más de 119 cavernas para explorar. Una atracción principal es el Gran Salón. ¡Es más grande que seis campos de fútbol!

Vivir en el desierto

Los indígenas de Estados Unidos fueron los primeros en vivir en los desiertos. El desierto de Mojave recibe su nombre de una tribu nativa. El pueblo mojave habitaba en el suroeste. Vivían de la tierra. Usaron el río Colorado como fuente de agua para la agricultura. Cuando el río se desbordaba, regaba sus cultivos.

El pueblo mojave cazaba y pescaba.

Hoy, gran parte del territorio mojave no está muy desarrollado. Esto significa que no muchas personas viven en la región. El clima es demasiado caluroso para muchas personas. El desierto se usa como recurso natural. En 2013 se construyó una gran granja solar en el Mojave. Esta granja aprovecha la luz solar. La luz solar se usa para dar energía a los hogares. También hay granjas de viento en el desierto. Algunas de estas granjas de viento son las más grandes del país.

Una tierra diversa

Estados Unidos es grande y sorprendente. Su geografía física tiene muchas características. El país tiene océanos, montañas, llanuras y desiertos. Tiene muchos recursos. Las personas han usado y adaptado estos recursos para sobrevivir.

Una vista refrescante

El parque nacional Yosemite está en California. Muchas personas vienen al parque para ver sus saltos de agua. Son algunos de los saltos de agua más altos del mundo. Fueron originados por nieve que se derritió.

Piensa en el lugar donde vives. ¿Cómo es el clima? ¿Es cálido o frío? ¿Conoces los recursos que se hallan en tu ciudad o pueblo? Piensa en los accidentes geográficos y en las extensiones de agua. ¿Hay montañas y lagos?

Todos los lugares tienen sus propias características y recursos. Esto es lo que hace único a cada lugar. Las personas se establecen en los lugares por muchas razones. Las primeras personas que se establecieron en tu ciudad o pueblo pensaron mucho sobre el clima y los recursos. ¡Y se quedaron porque la tierra les permitió **prosperar**!

¡Cántalo!

Elige tu región favorita sobre la que hayas leído en este libro. Haz una investigación sobre esta. Luego, escribe un rap o una canción sobre sus maravillas naturales. Canta tu rap o canción a tus amigos y a tu familia.

Glosario

adaptarse: cambiar algo para que sirva para un propósito mejor o diferente

cultura: las creencias y los modos de un grupo de personas

diversa: hecha de cosas que son distintas unas de otras

fértiles: capaces de sostener el crecimiento de muchas plantas

industria: grupos de empresas que brindan productos o servicios específicos

interior: cualquier lugar lejos de una costa

meseta: una gran área de territorio más elevada que la tierra que la rodea

migran: se trasladan de un lugar a otro en un momento determinado del año

praderas: territorios grandes y planos cubiertos mayormente con pastos

prosperar: tener gran éxito

puertos: ciudades a donde los barcos llevan mercaderías y personas

recursos: cosas que un país tiene y que puede usar para hacer dinero

regiones: partes de un país que son diferentes de otras partes

sequía: un largo tiempo sin lluvia

tiendas de intercambio: lugares establecidos para comerciar en áreas con poca gente

típico: habitual o normal para esa área

Índice

Ártico, 10
costa, 4, 8, 10, 12–14, 16
desierto de Chihuahua, 22–23
desierto de la Gran Cuenca, 22
desierto de Mojave, 22–25
geografía física, 4, 6, 26
geografía humana, 4
Grandes Llanuras, 14, 18–20
misiones, 13
montañas, 4, 6–7, 14, 16–18, 26–27
océano Atlántico, 10
océano Pacífico, 10
recursos, 4, 9–10, 25–27
río Colorado, 24
Sierra Nevada, 14–15, 22
Valle Central, 18

¡Tu turno!

Ubica el estado donde vives en este mapa. ¿Qué accidentes geográficos y extensiones de agua se hallan cerca? ¿Cuál es el clima? Escribe un poema sobre cómo la geografía afecta el lugar donde vives.